로딩 중...

| 일러두기 |
이 책의 속담 풀이 중 일부는 국립국어원의 『표준국어대사전』을 참고하여 작성하였습니다.

초판 1쇄 인쇄 2025년 10월 14일
초판 1쇄 발행 2025년 10월 24일

원작 | 운빨용병단
그림 | 정수영
감수 | 111퍼센트

발행인 | 심정섭
편집인 | 문영
편집팀장 | 이주희 **편집** | 정성호
제작 | 정승헌 **출판마케팅** | 홍성현 장동철
디자인 | 디자인룩

인쇄처 | 에스엠그린
발행처 | ㈜서울문화사
등록일 | 1988년 2월 16일
등록번호 | 제2-484
주소 | 서울시 용산구 새창로 221-19
전화 | 02-799-9196(편집) 02-791-0752(출판마케팅)

©111Percent Co.,Ltd All rights reserved.

ISBN 979-11-7371-074-2
ISBN 979-11-7371-025-4(세트)

※본 제품은 111퍼센트 주식회사와의 정식 라이선스 계약에 의해
 ㈜서울문화사에서 제작, 판매하므로 무단 복제 및 전재를 금합니다.
※잘못된 제품은 구입처에서 교환해 드립니다.

세계관

럭큐브

주사위 모양의 6면체로 완벽한 균형을 이루며,
행운과 운빨로 세상의 질서를 유지해 온 행성 럭큐브.
그러나 최근 럭큐브에 '제7면'이라는 새로운 면이 발견되었다.
그곳은 바로 정체 불명의 마왕이 지배하는 '불행 지대'.
마왕은 몬스터들을 불행의 기운으로 다스리며
럭큐브를 정복하려는 야망을 품고 있는데…….

제7면 불행 지대

불행한 기운을 가진 몬스터들이
끊임없이 태어난다.
럭큐브를 정복하려는 목적
하나만으로 제1면 운빨 왕국을
공격하고 있다.

럭큐브의 여섯 개 면

제1면 운빨 왕국

럭큐브에서 가장 큰 왕국이며 과거 운빨의 정점에 있던 운빨왕이 세운 왕국.

제2면 기계 제국

펄스 박사가 운 좋게 개발에 성공한 무기들을 운빨 왕국으로 보내 주고 있다.

제3면 대자연

여러 부족들이 부락을 이루어 살고 있으며 아직 알려지지 않은 부락도 존재한다.

제4면 게임 랜드

경쟁과 오락을 사랑하는 곳이다. 운빨력이 강한 영웅들은 이곳 소속인 경우가 많다.

제5면 미지의 땅

럭큐브에서 가장 거대한 대륙을 가진 면. 수인족, 괴수족등 여러 부족들이 살고 있다.

제6면 보이드

무엇이 존재하는지, 어떤 땅인지 모든 것이 베일에 싸여 있다.

캐릭터 소개

우왕좌왕

불행 지대의 공격으로부터 럭큐브를 지키기 위해 운빨용병단을 모집한다. 파란색이 우왕, 빨간색이 좌왕.

운빨용병단

아토

시간을 다루는 마술사로, 손에 든 신비한 시계를 돌려 시간을 조정하는 마술을 부린다. 커다란 마술사 모자와 빨간 나비 넥타이가 특징. 당근을 매우 좋아하는 것으로 보인다.

#시간 지연 #신비한 시계

아이언미야옹

어미에게 버림받고 떠돌다가 의식을 잃기 직전, 펄스 박사의 연구소 앞에 도착하여 그의 반려묘가 되었다. 펄스 박사의 건틀렛을 실수로 떨어뜨렸다가 아이언미야옹으로 변신했다.

#무념무상 #귀여움

초나

← 나아무

모든 식물의 숭배를 받는다. 자연의 친구들이 누군가에게 해를 입으면 매우 분노하며, 적이 나타나면 자신을 숭배하는 '나아무'를 소환하여 싸운다. 어릴 적, 펫 '늠름이'와 친구였다.

#자연 #나아무 #마마가 도와줌

콜디

물의정령 ↘

얼음 나라의 공주로, 강한 힘을 가지고 있지만 마법을 잘 다루지 못하였다. 냥법사의 제자로 들어가 마법을 배우고, 지팡이를 하사받아 용병단이 되었다. 물의정령이 강아지처럼 따른다.

#부끄럼쟁이 #랜슬롯♥

모노폴리맨

럭큐브에 존재하는 모든 곳을 돌아다니며 사기, 대부업, 밀수 등 돈 되는 악행을 전부 관리하고 있다. 어린 시절 우왕좌왕의 궁전에 초대받았으나 가난에 대한 트라우마로 악마와 계약하고 적이 되었다.

#게임 랜드 출신 #돈 #교활함

개구리 왕자

킹 다이안 ↘
(원래 모습)

오크 주술사에게 운빨 75%를 빼앗기는 운빨 계약을 맺은 후 지금의 모습이 되었다. 25%의 확률로 어떠한 상황일 때 원래 모습인 킹 다이안으로 변할 수 있다.

#왕족 #우아함

콜디 내가 키웠다냥!
뿌듯

끄덕

그런데 랜슬롯 어디 간겨? 쑥스러운가?

이 책을 즐기는 방법

👑 본문

째깍째깍 달리는 시간 1
① 01:10
②
☠ 1 / 18

③ 십 년이면 □ 도 변한다

오랜 시간이 흐르면 세상 모든 것이
다 변한다는 뜻이에요.

| 1 강산 | 2 나무 | 3 밤바 |

🔥 힌트 애국가 후렴 "무~궁화 삼~천리 화려 ○○!"

④ 가르랑

⑥ 보너스 소환 📖

달도 차면 기운다

세상 모든 것은 한번 번성하면
다시 쇠퇴하기 마련이라는 말이야.
행운이 영원할 수 없다는 뜻도 있어.

⑤

⑦ 정답 ①: 정답 ♛

16

②, ④, ⑤에
대한 활용법은
11~12p를 보거라!

---

① 퀴즈 제한 시간
② 타르
③ 퀴즈
④ 행운의 소리
⑤ 오늘의 승리 지수
⑥ 보너스 소환
⑦ 정답

같이 알아 두면 좋은
보너스 속담이야. 어휘력을
더욱 쑥쑥 높여 봐!

👑 대결 모드

친구와 각자 책을 들고 본문 페이지 중 하나를
서로 랜덤하게 뽑도록 해. 다음과 같은 방법들이 있어.

- 오른쪽 QR코드를 찍으면 나오는
  '랜덤 페이지 뽑기'로 각자 페이지 뽑기
- 앞장부터 뒷장까지 촤르르~ 펼치다가 친구가
  "그만!"이라고 외칠 때 멈추기
- 책을 덮은 상태에서, 북마크나 자 등을 책 사이에
  끼워 각자 한 페이지를 골라 보기

> 서로 페이지를 랜덤하게 뽑을 수 있는 아이디어가 또 있다면 마음대로 해도 된다구.

혹시 본문이 아닌 페이지가 나왔을 경우 재시도!
책이 한 권밖에 없을 경우, 번갈아 가면서 지정할 것!
그 뒤, 아래와 같은 대결을 즐겨 봐.

(1) 페이지 등급 대결

수수께끼 난이도에 따라 일반부터 신화까지
6가지 등급으로 나눠져 있어. 페이지 색깔로 등급을 확인하여
등급이 더 높은 사람이 승리!

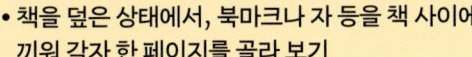

(2) 타르 뽑기

②로 대결을 해 봐! 오른쪽으로 갈수록 높은 등급이야.

> 사연을 알고 싶다면?

단, 3단계 타르라도 백 타르에게는 이기지 않아. 여기에는 사연이 있어. ㅜㅜ

🔰 오늘의 운빨

오늘의 운빨을 확인해 봐! 이건 혼자서도 할 수 있어.

(1) 행운의 소리

④를 보고 오늘 나의 운빨을 올려 줄 소리를 확인해 봐!

ex) 째깍째깍 타이머를 맞추고
문제를 풀었더니
실력도, 점수도 UP! UP!

의성어 106개를 배울 수 있다는 말씀!

(2) 오늘의 활력 지수

⑤에 있는 승리의 증표가 몇 개인지 확인하고,
오늘 나의 승부운이 얼마나 넘칠지 확인해 봐!

 : 보통. 실력대로만 하면 돼.

 : 좋음. 작은 승부에서 연승 예감!

 : 아주 좋음. 결정적 순간에 네가 해낼 거야!

 : 대박! 일등이든, 우승이든
오늘 기대해도 좋아.

같이 가!

어… 어…

시간이 금이야!
빨리 다음 장으로!

후다닥

부록

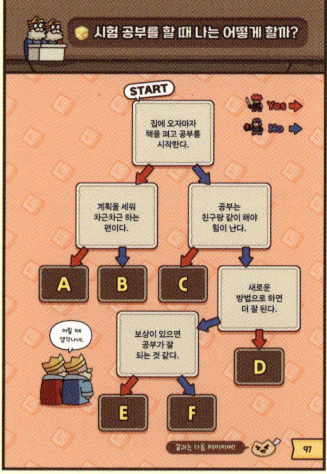

**신나는 게임과 재미있는 심리 테스트도 즐기며
운빨용병단과 함께 즐거운 시간을 보내 봐!
행운력, 두뇌력, 창의력이 쑥쑥 오를 거야!**

휴, 이번 권 기다리다가 목 빠지는 줄 알았네.

우오! 운빨이 넘쳐흐른다, 밤바!

차례

- 📜 세계관 ······ 6
- 📯 캐릭터 소개 ······ 8
- 📕 이 책을 즐기는 방법 ····· 10

👑 1장 째깍째깍 달리는 시간 ····· 15
- 꼭꼭 숨은 타르 찾기 ······ 34
- 새로운 친구를 만났을 때 가장 나다운 반응은? ····· 35

👑 2장 야옹야옹 귀여운 냥이 ····· 37
- 요리조리 살펴보자! ······ 55
- 알쏭달쏭 누가 거짓말을 하고 있을까? ····· 56

👑 3장 파릇파릇 눈부신 식물 ····· 57
- 어휘력이 자라나는 초성 퀴즈! ······ 76
- 오랜 친구를 만나러 가는 길 ······ 78

👑 4장 새하얀 눈과 얼음 ····· 79
- 시험 공부를 할 때 나는 어떻게 할까? ····· 97

👑 5장 번쩍이는 돈과 재물 ····· 99
- 낱말 퍼즐, 놓치면 손해! ······ 118
- 지금 끌리는 색깔로 보는 나의 심리 상태 ······ 120

👑 6장 왕 그리고 개구리 ····· 121

- 🔖 찾아보기 ······ 140
- 🔒 정답 ······ 142

1 / 18

십 년이면 □ 도 변한다

오랜 시간이 흐르면 세상 모든 것이
다 변한다는 뜻이에요.

1 강산   **2** 나무   **3** 밤바

힌트 애국가 후렴 "무~궁화 삼~천리 화려 ○○!"

가르랑

🂠 보너스 소환 🂠

달도 차면 기운다

세상 모든 것은 한번 번성하면
다시 쇠퇴하기 마련이라는 말이야.
행운이 영원할 수 없다는 뜻도 있어.

째깍째깍 달리는 시간 2
00:50
2 / 18

세월이 [ ] 이다

시간이 지나면 슬픔이나 괴로움도 차츰 잊히게 된다는 뜻이야.

1. 병
2. 약
3. 정답

🔥 **힌트** 너무 써!

🔖 보너스 소환

비 온 뒤에 땅이 굳어진다

어려움이나 시련을 겪고 나면, 그 일을 이겨 내면서 오히려 더 단단하고 강해진다는 뜻이야.

뛰뛰빵빵

정답: 약 ②

째깍째깍 달리는 시간 3

01:00

3 / 18

일찍 일어나는 새가 ___를 잡는다

남보다 앞서서 부지런히 행동해야
좋은 기회를 얻을 수 있다는 뜻이야.

| 1 벌레 | 2 동물 | 3 우치 |

🔥 **힌트** 다리가 보통 세 쌍이야.

📜 보너스 소환 📜

쇠뿔도 단김에 빼라

어떤 일을 하려고 생각했으면
망설이지 말고 제때 행동으로
옮겨야 한다는 뜻이야.

째깍째깍 달리는 시간 4
01:20
 4 / 18

늘게 배운 ＿＿＿ 이
날 새는 줄 모른다

어떤 일에 남보다 늦게 재미를 붙인 사람이
그 일에 더 열중하게 된다는 뜻이야.

| 1 도둑 | 2 수학 | 3 운동 |

🔥 **힌트** 우리나라 NO.1 수학 학습만화, 수학 ○○!

📜 보너스 소환 📜

세 살 적 버릇이 여든까지 간다

어릴 때부터
나쁜 버릇이 들지 않도록
잘 가르쳐야 한다는 뜻이야.

정답 ① : 도둑

째깍째깍 달리는 시간 5
00:20
5 / 18

서당개 삼 년이면 ☐을 읊는다

아무리 잘 모르는 사람이라도 오래 있으면 저절로 배우게 된다는 뜻이야.

1 노래   **2** 블롭   **3** 풍월

🔥 **힌트** 바람과 달이 아름답다네~.

📖 보너스 소환 📖

뿌린 대로 거둔다

좋은 일을 하면 좋은 결과가,
나쁜 일을 하면 나쁜 결과가
온다는 뜻이야.

정답 ⓒ : 풍월

00:30

6 / 18

지키는  가 더디 끓는다

결과를 초조하게 기다리고 있으면
시간이 더 걸리는 것처럼 느껴진다는 뜻이야.

 냄비   접시   주전자

 힌트 라면 어디다 끓여?

 주룩주룩

 🎴 **보너스 소환** 🎴

신선놀음에 도낏자루 썩는 줄 모른다

재미있는 일이나 즐거운 일에 푹 빠져 있으면
시간이 가는 줄도 모르고, 중요한 것을
잊어버린다는 뜻이야.

째깍째깍 달리는 시간 7
00:30
💀 7 / 18

몽치 깎자 도둑이 [　]

준비하는 데에 시간을 다 보내고
목적한 바를 이루지 못한다는 뜻이야.

| 1 뛴다 | 2 온다 | 3 산다 |

🔥 힌트 준비~ 땅!

📖 보너스 소환 📖

꿩 잡는 것이 매다

방법이 어떻든 간에
목적을 이루는 것이
가장 중요하다는 뜻이야.

정답 : ① 굼뜨다

째깍째깍 달리는 시간 8
00:30

8 / 18

철이 가면 ☐이 절로 끝난다

모든 일은 다 시간적으로 제약을 받으며, 어떤 것은 일정한 시간이 흘러야 스스로 끝난다는 뜻이야.

1 병   **2** 일   **3** 운빨

🔥 **힌트** 돈을 벌려면 이것을 해야 돼.

📖 보너스 소환 📖

고사리도 꺾을 때 꺾는다

무슨 일이든 다 해야 할 시기가 있는 것이니 그때를 놓치지 말고 해야 한다는 뜻이야.

정답 ⓒ : 일

째깍째깍 달리는 시간 9
00:50
9 / 18

늙은 ☐ 흥정하듯

어떤 일을 하는데 시간을 너무 오래 끌고 더디게 진행한다는 뜻이야.

1	2	3
소	개	말

🔥 힌트 음매~

📜 보너스 소환 📜

번갯불에 콩 볶아 먹겠다

어떤 행동을 당장 해치우지 못하여
안달하는 조급한 성질을
나타내는 뜻이야.

윙윙

째깍째깍 달리는 시간 10
00:30
10 / 18

앞 ⬚ 이 구만 리 같다

아직 나이가 젊어서 앞으로 어떤 큰일이든
해낼 수 있는 시간이 충분하다는 뜻이야.

| 1 건물 | 2 길 | 3 우왕 |

🔥 **힌트** 꼬부랑 할머니가 꼬부랑 고갯0을~

📖 보너스 소환 📖

천 리 길도 한 걸음부터

무슨 일을 하든 그 시작이
무척 중요하다는 뜻이야.

째깍째깍 달리는 시간 11
00:20
11 / 18

부지런한 이는 ⬜ 틈도 없다

일에 열중하면 좀처럼 시간의 여유가
없다는 뜻이야.

| 1 누울 | 2 달릴 | 3 앓을 |

 힌트 끙끙

📖 보너스 소환 📖

게으른 선비 책장 넘기듯

게으른 사람이 일은 안 하고
빨리 그 일에서 벗어나고만
싶어 한다는 뜻이야.

쪼르륵

째깍째깍 달리는 시간 12

01:00

💀 12 / 18

강태공이 ☐ 낚듯 한다

어떤 일을 조급하게 서두르지 않고
매우 더디고 느리게 한다는 뜻이야.

| 1 물고기 | 2 세월 | 3 아토 |

🔥 힌트 누구에게나 공평해!

졸졸

📜 보너스 소환 📜

도깨비 대동강 건너듯

일의 진행이
눈에 띄지는 않으나 그 결과가
빨리 나타난다는 뜻이야.

째깍째깍 달리는 시간 13
00:20
💀 13 / 18

겨울이 지나지 않고 ☐☐ 이 오랴

어떤 일이든 순서와 과정이 있으며, 노력이나 고난 없이는 좋은 결과가 없다는 뜻이야.

1. 여름　　**2.** 봄　　**3.** 가을

🔥 **힌트** 새싹이 돋는 계절!

📘 보너스 소환 📘

가는 세월 오는 백발

세월이 흘러감에 따라
사람은 늙어간다는 자연의 이치와
인생의 덧없음을 표현한 뜻이야.

째깍째깍 달리는 시간 14
00:20
14 / 18

자기 늙은 것은 몰라도
남 [ ] 것은 안다

자기 나이 드는 것은 잘 깨닫지 못하면서,
남이 자라는 것은 금세 알아본다는 뜻이야.

| 1 기르는 | 2 먹는 | 3 자라는 |

 힌트 쑥쑥!

뿅

보너스 소환

그슬린 돼지가
달아맨 돼지 타령한다

자기는 더 큰 흉이 있으면서 도리어
남의 작은 흉을 본다는 뜻이야.

째깍째깍 달리는 시간 15

00:20

15 / 18

▢가 열흘 맞잡이

하루가 삼 년과 같다는 뜻으로, 짧은 시간이 매우 길게 느껴진다는 말이야.

1. 나이
2. 모레
3. 하루

🔥 **힌트** 24시간이 모자라!

📜 보너스 소환 📜

세월은 사람을 기다려주지 않는다

시간은 빠르게 흐르니, 무슨 일이든 꾸물거리지 말고 부지런히 힘써야 한다는 뜻이야.

 째깍째깍 달리는 시간 16
00:30
💀 16 / 18

열흘날 ☐ 에 열하룻날 병풍 친다

때를 놓치고 일이 다 끝난 다음에야 하려는 것을 비꼬는 뜻이야.

| 1 잔치 | 2 파티 | 3 행사 |

🔥 **힌트** 이 날에 먹는 국수는 꿀맛이야!

📘 보너스 소환

호미로 막을 것을 가래로 막는다

적은 힘으로 충분히 처리할 수 있는 일을 방치하여 나중에 더 큰 힘을 들인다는 뜻이야.

정답 ① : 윤달

째깍째깍 달리는 시간 17

00:20

17 / 18

☐ 이 쉴 때까지 해보자

시간이 오래 걸리더라도 어떤 일에 대하여
반드시 끝장을 내겠다는 뜻이야.

| 1 소금 | 2 설탕 | 3 기름 |

힌트 염화 나트륨

보너스 소환

다 된 죽에 코 빠졌다

거의 다 잘 되어 가던 일이
아주 작은 잘못이나 뜻밖의 일 때문에
망가져 버린다는 뜻이야.

째깍째깍 달리는 시간 18
00:50

18 / 18

한강에 ☐ 놓기

이미 준비는 되었으니 기다리면
언젠가 일이 이루어질 것이라는 뜻이야.

| 1 돗자리 | 2 그물 | 3 다리 |

 힌트 물고기를 잡을 때 써!

📒 보너스 소환

서울 가서 김 서방 찾기

주소도 이름도 모르는데
무턱대고 막연하게 사람을 찾아가는
경우를 뜻하는 말이야.

정답 : ⓒ 다리

33

# 꼭꼭 숨은 타르 찾기

 <보기>와 같은 타르가 모두 몇 개인지 각각 세어 보고 숫자를 적어 봐!

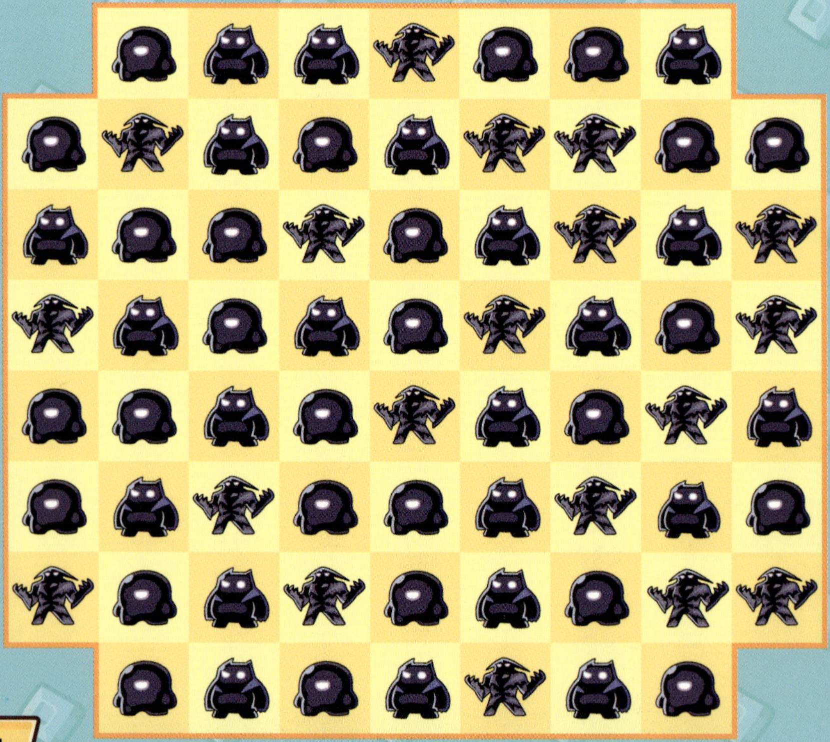

개   개   개

새로운 친구를 만났을 때 가장 나다운 반응은?

결과 공개

A타입 활기찬 흥부자형

에너지가 넘치는 유쾌한 분위기 메이커! 누구에게든 쉽게 먼저 다가가서 인사하고, 장난과 유머로 주위를 화기애애하게 만드는 '인싸력 만렙' 타입이지! 그래서 금방 주위에 따르는 친구들이 많이 생길 거야.

B타입 예리한 분석가형

눈치가 빠르고 사리에 밝은 타입이야. 처음 누군가를 만나면 말 한 마디, 표정 하나만으로도 상대가 어떤 스타일인지 금방 알아차리지. 이런 능력 덕분에 다양한 친구들과 두루두루 잘 지낼 수 있어.

C타입 시간 부족 수다쟁이형

만나자마자 말이 술술~ 끊임없이 나오는 타입이야. 친구들은 너랑 이야기를 하다 보면 처음 만났는데도 시간 가는 줄을 모를 거야. 그러면 어느새 서로 마음의 문이 활짝 열리게 될걸?

D타입 두근두근 부끄럼쟁이형

내성적이고 부끄러움이 많아서 처음에는 눈을 마주치는 것도 조금 어려워 해. 하지만 조심스러운 만큼, 상대를 천천히 알아가면서 믿음이 쌓이면 누구보다 깊은 우정을 나누는 타입이야.

01:10
1 / 17

⬜ 고양이 보듯

사이가 매우 나빠서 서로 으르렁거리며
해칠 기회만 찾는다는 뜻이야.

| 1 개 | 2 돼지 | 3 닭 |

🔥 **힌트** 고양이와 반려동물 라이벌이야.

📜 보너스 소환 📜

콩 한 쪽도 나눠 먹는다

아주 작거나 적은 것이라도
함께 나누며 어려울 때
서로를 돕는 마음을 뜻해.

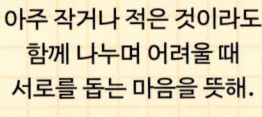

야옹야옹 귀여운 냥이 2

00:30

2 / 17

검은 고양이 ▢ 감은 듯

검은 고양이가 눈을 떴는지 감았는지 바로 알아보기 어려운 것처럼, 경계가 뚜렷하지 않아 구별하기 어렵다는 뜻이야.

| 1 머리 | 2 눈 | 3 손 |

힌트 깜빡깜빡!

보너스 소환

등잔 밑이 어둡다

가장 가까운 곳에 있는 것을
오히려 잘 알지 못하거나
놓치기 쉽다는 뜻이야.

곡 ⓒ : 윤슬

야옹야옹 귀여운 냥이 3
01:00
3 / 17

고양이 목에 ☐ 달기

실행하기 어려운 일을
공연히 의논한다는 뜻이야.

1. 목걸이
2. 방울
3. 이름표

🔥 힌트 딸랑딸랑~

📖 보너스 소환 📖

바지랑대로 하늘 재기

빨랫줄을 받치는 나무로 하늘의
높이를 재려 한다는 뜻으로, 도저히
불가능한 일을 하려 한다는 뜻이야.

야옹야옹 귀여운 냥이 4
00:30
4 / 17

고양이한테 [　　] 을 맡기다

어떤 일이나 사물을 믿지 못할 사람에게 맡겨 놓고
마음이 놓이지 않아 걱정한다는 뜻이야.

1 좌왕　　**2** 마카롱　　**3** 생선

🔥 **힌트** 구워 먹으면 맛있어!

우지직

📜 **보너스 소환** 📜

믿는 도끼에 발등 찍힌다

믿고 의지하던 사람이나
사물로부터 오히려 해를 입는
경우를 뜻하는 말이야.

야옹야옹 귀여운 냥이 5
00:50
5 / 17

얌전한 고양이가 ☐에 먼저 올라간다

겉으로는 얌전해 보이는 사람이
자기 실속을 다 차린다는 뜻이야.

| 1 부뚜막 | 2 지붕 | 3 하늘 |

🔥 힌트 앗, 뜨거워!

쿵쾅

📜 보너스 소환 📜

겉 다르고 속 다르다

겉으로 드러나는 행동과
마음속으로 품고 있는 생각이
서로 다르다는 뜻이야.

정답 ① : 부뚜막

야옹야옹 귀여운 냥이 6
00:20
💀 6 / 17

고양이 앞에 ☐ 반찬

자기가 좋아하는 것이면 남이 손댈 겨를도 없이 처치해 버린다는 뜻이야.

1 나물   **2** 고기   **3** 김치

🔥 힌트 돼지, 소, 닭

📒 보너스 소환 📒

개 눈에는 똥만 보인다

평소 자신이 좋아하거나
관심을 가지고 있는 것만이
눈에 띈다는 뜻이야.

정답 ③ : 기기

야옹야옹 귀여운 냥이 7

01:00

💀 7 / 17

고양이 ☐ 쓴 격

격에 어울리지 않는
꼴불견을 가리키는 말이야.

| 1 수트 | 2 우산 | 3 안경 |

🔥 **힌트** 비를 막으려면?

보너스 소환

개 발에 편자

옷차림이나 지닌 물건,
혹은 행동이 제격에 맞지 않아
어울리지 않는다는 뜻이야.

야옹야옹 귀여운 냥이 8

00:20

💀 8 / 17

고양이 ☐ 생각

속으로는 해칠 마음을 품고 있으면서,
겉으로는 생각해 주는 척한다는 뜻이야.

1	2	3
쥐	펄스	뱀

 힌트 찍찍!

 바스락

📖 보너스 소환 📖

아 해 다르고 어 해 다르다

같은 내용이라도
어떻게 표현하느냐에 따라 받아들이는
의미가 크게 달라질 수 있다는 뜻이야.

눈 ① : 큼운 ②

야옹야옹 귀여운 냥이 9
00:50
💀 9 / 17

고양이에게 ▢ 달란다

상대에게 절실하게 필요한 것을
달라고 한다는 뜻이야.

| 1 빵 | 2 사탕 | 3 반찬 |

 힌트 밥에는 OO이지!

📖 보너스 소환 📖

목마른 놈이 우물 판다

무언가 가장 급하고 필요한
사람이 그 일을 서둘러
하게 되어 있다는 뜻이야.

야옹야옹 귀여운 냥이 10

00:20

10 / 17

고양이 덕은 알고 ▢ 덕은 알지 못한다

고양이가 쥐를 잡아서 이익을 준다는 것은 알면서, 며느리가 고생을 하는 것은 고맙게 여기지 않는다는 뜻이야.

1. 며느리
2. 어머니
3. 할아버지

힌트 고부 = 시어머니 + ㅇㅇㅇ

보너스 소환

물에 빠진 놈 건져 놓으니 보따리 내놓으라 한다

상대의 고마움을 모르고 오히려 더 큰 요구나 트집을 부린다는 뜻이야.

정답: ① 며느리

야옹야옹 귀여운 냥이 11

00:20

11 / 17

쥐 죽은 날 고양이 ☐

어떤 일이 아주 없거나 있어도
매우 적게 일어난다는 뜻이야.

| 1 세수 | 2 눈물 | 3 댄스 |

 힌트 또르르

저벅저벅

📖 보너스 소환 📖

새 발의 피

새의 가느다란 발에서 나오는
피라는 뜻으로, 아주 하찮은 일이나
극히 적은 분량이라는 뜻이야.

롬곡 ⓒ : 윤금

야옹야옹 귀여운 냥이 12
00:20

💀 12 / 17

▢ 새끼는 짖고
고양이 새끼는 할퀸다

배우거나 익히지 않아도 타고난 천성은
저절로 드러난다는 뜻이야.

| 1 호랑이 | 2 개 | 3 돼지 |

🔥 힌트 멍멍!

📋 보너스 소환

개 꼬리 삼 년 묵어도
황모 되지 않는다

본바탕이 좋지 않은 것은 아무리 오랜 시간이
지나도 본질이나 성질이 바뀌지 않는다는 뜻이야.

49

야옹야옹 귀여운 냥이 13
00:30
13 / 17

고양이가 [ ] 낳을 노릇이다

결코 일어날 수 없는 일이나
전혀 불가능한 상황이라는 뜻이야.

| 1 항아리 | 2 딸 | 3 알 |

🔥 **힌트** 박혁거세가 여기서 태어났대!

📜 보너스 소환 📜

하늘의 별 따기

이루기가 거의 불가능하거나,
아주 힘들고 어려운
일이라는 뜻이야.

야옹야옹 귀여운 냥이 14

01:20

💀 14 / 17

고양이 ⬜ 종지 노리듯

무엇에 눈독을 들여
탐을 내는 모양을 가리키는 말이야.

| 1 간장 | 2 기름 | 3 식초 |

🔥 힌트 미끌거려.

📖 보너스 소환 📖

참새가 방앗간을 그저 지나랴

자기가 좋아하는 곳은 그냥 지나치지 못한다는
뜻이야. 욕심 많은 사람이 이익이 되는 것을
보고 가만있지 못한다는 뜻도 있어.

정답 : ② 기름

야옹야옹 귀여운 냥이 15

00:30

💀 15 / 17

고양이 ☐ 굴리듯

무슨 일을 재치 있게 잘하거나 공 같은 것을
재간 있게 놀린다는 뜻이야.

| 1 달걀 | 2 공 | 3 털실 |

🔥 힌트 꼬끼오!

📖 보너스 소환 📖

고기도 먹어 본 사람이
더 잘 먹는다

어떤 분야나 활동에 익숙하거나 경험이
많은 사람이 더 능숙하게 잘 한다는 뜻이야.

정답 ① : 름름

야옹야옹 귀여운 냥이 16

00:50

16 / 17

도둑고양이가 [　　] 찌랴

늘 남의 것을 탐하는 자는
재물을 모으지 못한다는 뜻이야.

1	2	3
떡	살	털

🔥 **힌트** 너무 지나친 다이어트는 키 크는 데 안 좋아.

📖 보너스 소환 📖

**처가 재물 양가 재물은
쓸데없다**

다른 사람에게 의지해서 얻은 재물은
내 것이 되지 못한다는 뜻이야.

야옹야옹 귀여운 냥이 17
00:20
💀 17 / 17

☐ 가리고 고양이 흉내

얕은꾀로 남을 속이려는 어리석음을
나타내는 말이야.

1	2	3
코	입	발

🔥 **힌트** 복화술 할 때 여기를 움직이면 안 돼.

🟨 보너스 소환 🟨

눈 가리고 아웅

얕은 수로 남을 속이려 한다는 말로,
진실을 감추려는 어설픈 행동을 뜻해.

정답 : ⓒ 눈

요리조리 살펴보자!

 다음 네 가지 전개도를 잘 살펴보고, 접었을 때 각 면 그림의 방향과 위치가 <보기>와 똑같이 되는 것을 찾아 봐!

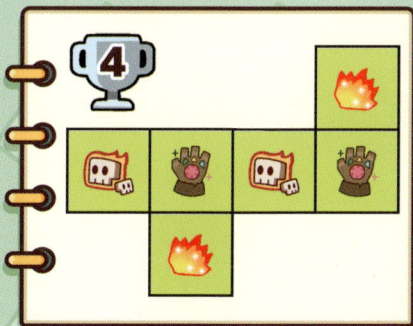

알쏭달쏭 누가 거짓말을 하고 있을까?

다음 상황을 보고 누가 거짓말을 하고 있는지 찾아 ○ 해 봐!

힌트 범인 단 한 명만 거짓말을 하고 있어!

1

보물 상자가 사라졌다! 상자를 훔친 건 누구?

난 안 훔쳤어.

모노폴리맨이 훔쳤어!

블립!

↑ 자기는 범인이 아니라고 말하고 있음.

2

누군가 배트맨을 밀어서 넘어뜨렸다. 범인은 누구?

누가 미는 걸 봤다냥!

손도 안 댔당께.

우치가 미는 것을 봤어.

파릇파릇 눈부신 식물 1
00:50
1 / 18

될성부른 나무는 ___부터 알아본다

잘될 사람은 어려서부터 남달리 장래성이 엿보인다는 뜻이야.

1 씨앗　　**2** 떡잎　　**3** 자리

🔥 **힌트** ○ 하나 주면 안 잡아먹지~!

하하

🟨 보너스 소환 🟨

움도 싹도 없다

장래성이라고는 도무지 없다는 뜻이야.
사람이나 물건이 감쪽같이
없어졌다는 뜻도 있어.

정답 ② : 떡잎

파릇파릇 눈부신 식물 2

01:00

💀 2 / 18

☐ 도 나무에서 떨어진다

아무리 익숙하고 잘하는 일이라도
간혹 실수할 때가 있다는 뜻이야.

| 1 원숭이 | 2 코알라 | 3 로켓츄 |

🔥 힌트 우끼끼!

딸꾹

📖 보너스 소환 📖

던져 마름쇠

어떤 일에 별로
숙달되지 않은 사람도
실수 없이 할 수 있다는 뜻이야.

정답 ① : 원숭이

파릇파릇 눈부신 식물 3
00:30
3 / 18

앞은 자리에 ☐ 도 안 나겠다

사람이 지나치게 깐깐하고
매서울 만큼 냉정하다는 뜻이야.

1	2	3
뿔	꽃	풀

 힌트 부드러운 초록색 식물이야.

📔 보너스 소환 📔

달면 삼키고 쓰면 뱉는다

사람의 마음이나 태도가
이익에 따라 냉정하게
바뀐다는 뜻이야.

윤슬 : ⓒ 롤

파룻파룻 눈부신 식물 4
00:20
💀 4 / 18

가지 많은 나무에
☐ 잘 날이 없다

자식이 많거나 책임져야 할 일이 많은 사람은
걱정과 근심이 끊이지 않는다는 뜻이야.

| 1 태풍 | 2 바람 | 3 안개 |

🔥 **힌트** ○○ 한 점 없는 폭염.

📖 보너스 소환 📖

열 손가락 깨물어
안 아픈 손가락 없다

가족이나 가까운 사람들 모두가 소중하고 귀하다는
뜻으로, 누구 하나 덜 귀한 사람은 없다는 뜻이야.

정답 : 바람

파룻파룻 눈부신 식물 5

00:20

💀 5 / 18

▢에 뒷나무

상황에 맞지 않는 행동이나 사물을
재치 있게 비꼬는 말이야.

| 1 똥 | 2 오줌 | 3 방귀 |

🔥 힌트 으~ 지린내!

🎴 보너스 소환

모기 보고 칼 빼기

하찮은 일에 너무 크게
반응하거나 쓸데없이 소란을
피운다는 뜻이야.

땡그랑

 파룻파룻 눈부신 식물 6

00:30

6 / 18

나무를 보고 ☐을 보지 못한다

부분만 보고 전체는 보지 못하는 근시안적인
태도나 사고방식을 뜻하는 말이야.

| 1 잎 | 2 계곡 | 3 숲 |

🔥 **힌트** 수풀의 준말.

📋 보너스 소환

장님 코끼리 만지기

일부분만 알면서 전체를
아는 것처럼 여기는
어리석음을 이르는 말이야.

우당탕

폰ⓒ : 윤금 👤

63

 파룻파룻 눈부신 식물 7
00:50
💀 7 / 18

☐ 이 울거든

솔방울이 절대로 울 리 없는 것처럼 도저히
이루어질 수 없는 일이라는 뜻이야.

| 1 땀방울 | 2 비눗방울 | 3 솔방울 |

🔥 **힌트** 소나무의 열매.

📜 보너스 소환 📜

계란으로 바위 치기

도저히 이길 수 없는 상대나
불가능한 일에 도전하는
상황이라는 뜻이야.

토닥토닥

파릇파릇 눈부신 식물 8

00:20

8 / 18

☐ 없는 나무가 없다

모든 나무가 다 뿌리가 있듯이 무엇이나
그 근본이 있다는 뜻이야.

1. 뿌리
2. 기둥
3. 줄기

🔥 **힌트** 사물이나 현상의 근본을 뜻하기도 해.

📜 보너스 소환 📜

아니 땐 굴뚝에 연기 날까

원인이 없으면 결과가
있을 수 없다는 뜻이야.

파룻파룻 눈부신 식물 9

00:30

9 / 18

☐ 이 지극하면
동지섣달에도 꽃이 핀다

정성을 다하면 어려운 일도 해낼 수 있다는 뜻이야.

| 1 사랑 | 2 정성 | 3 우정 |

🔥 힌트 참되고 성실한 마음.

📛 보너스 소환 📛

공든 탑이 무너지랴

힘을 다하고 정성을 다하여
한 일은 그 결과가 반드시
헛되지 않는다는 뜻이야.

파릇파릇 눈부신 식물 10

01:00

💀 10 / 18

가지 나무에 ☐ 을 맨다

막다른 지경에 이른 사람이 이것저것
가릴 처지가 아니라는 뜻이야.

| 1 목 | 2 발 | 3 코 |

🔥 힌트 꾀꼬리 같은 O소리!

📄 보너스 소환

없는 놈이 찬밥 더운밥을 가리랴

상황이 절박하거나
선택의 여지가 없을 때, 좋고 나쁨을
따질 여유가 없다는 뜻이야.

파릇파릇 눈부신 식물 11

00:50

💀 11 / 18

고목에 ☐ 이 피랴.

별로 기대할 것이 없는 것에 희망을
걸고 있을 필요가 없다는 뜻이야.

1	2	3
기쁨	꽃	불

🔥 **힌트** 향기가 없는 것도 있어.

📜 **보너스 소환** 📜

개 그림 떡 바라듯

어떤 일이 잘되기를 바라며
오랫동안 바라보거나 기다렸지만
결국에는 아무런 성과가 없다는 뜻이야.

파릇파릇 눈부신 식물 12

00:30

 12 / 18

꽃은 ◻◻ 가 제일이다

쓸모가 큰 목화가 꽃 중에서 가장 좋다는 뜻으로,
겉치레보다는 실속이 중요하다는 뜻이야.

1 목화   **2** 장미   **3** 해바라기

 힌트 문익점

 째깍째깍

📖 보너스 소환 📖

소문난 잔치에 먹을 것 없다

떠들썩한 소문이나 큰 기대에 비하여
실속이 없거나 소문이 실제와
일치하지 않는다는 뜻이야.

답: 목화 ①:답홀

파릇파릇 눈부신 식물 13

00:20

💀 13 / 18

꽃 피자 ☐ 온다

때맞추어 반가운 일이
생긴다는 뜻이야.

| 1 눈 | 2 너 | 3 님 |

🔥 **힌트** 사람을 높여 이르는 말이야.

찰랑

📓 보너스 소환 📓

가뭄에 단비

매우 어려운 때나 꼭 필요한 순간에
알맞은 도움이나 반가운 일이
생긴다는 뜻이야.

파롯파롯 눈부신 식물 14

00:30

14 / 18

열 번 찍어 안 넘어가는 ☐ 없다

아무리 뜻이 굳은 사람도 여러 번 권하고 꾀면 결국 마음이 변한다는 말이야.

| 1 사람 | 2 나무 | 3 마음 |

🔥 힌트 木

📜 보너스 소환 📜

가랑비에 옷 젖는 줄 모른다

아무리 사소한 것이라도 그것이 거듭되면 무시하지 못할 정도로 크게 된다는 뜻이야.

파릇파릇 눈부신 식물 15

00:20

15 / 18

☐도 수풀이 있어야 모인다

의지할 곳이 있어야 무슨 일이든 시작하거나 이룰 수가 있다는 뜻이야.

| 1 도깨비 | 2 귀신 | 3 초나 |

 힌트 금 나와라, 뚝딱!

털썩

📋 보너스 소환 📋

끈 떨어진 뒤웅박

쓸모가 없어져 버린 물건이나,
의지할 데가 없어 꼼짝을 못 하게 된
상황을 가리키는 말이야.

파릇파릇 눈부신 식물 16
01:20
16 / 18

가랑잎이 솔잎더러 ____ 거린다고 한다

자기의 허물은 생각하지 못하고, 남의 허물만 나무란다는 뜻이야.

1. 바스락
2. 삐걱
3. 꼬르륵

힌트 낙엽을 밟을 때 나는 소리.

보너스 소환

왈왈

똥 묻은 개가 겨 묻은 개 나무란다

자신의 잘못이나 결점이 더 크면서도 남의 작은 흠을 비난한다는 뜻이야.

파릇파릇 눈부신 식물 17

00:20

💀 17 / 18

나무도 옮겨 심으면 ☐ 은 뿌리를 앓는다

어떤 일이나 환경, 사람을 옮기면 자리를
잡기까지 상당한 시간이 걸린다는 뜻이야.

| 1 삼 년 | 2 일 년 | 3 백 년 |

🔥 힌트 ((120÷10)+5-14)×1= ?

📖 보너스 소환 📖

첫술에 배부르랴

어떤 일이나 상황이 시작하자마자
만족할 만한 성과나 결과를
얻기는 어렵다는 뜻이야.

파릇파릇 눈부신 식물 18
01:10
 18 / 18

☐ 못할 나무는 쳐다보지도 마라

자기의 능력이나 형편에 맞지 않는 일은
욕심내지 말라는 뜻이야.

| 1 베지 | 2 오르지 | 3 넘지 |

 힌트 위로 가자!

 엉엉

📖 보너스 소환 📖

바다는 메워도 사람의 욕심은 못 채운다

사람의 욕심은 한도 끝도
없다는 뜻이야.

정답 : ② 오르지

어휘력이 자라나는 초성 퀴즈!

🔽 사자성어

Q1. 이리저리 왔다 갔다하는 모양.

ㅇ ㅇ ㅈ ㅇ

Q2. 물음과는 전혀 상관없는 엉뚱한 대답.

ㄷ ㅁ ㅅ ㄷ

Q3. 크게 될 사람은 늦게 이루어짐.

ㄷ ㄱ ㅁ ㅅ

Q4. 물과 물고기처럼 아주 친밀하여 떨어질 수 없는 사이.

ㅅ ㅇ ㅈ ㄱ

 초성을 보고 어떤 사자성어와 관용어인지 맞춰 봐!

⬇ 관용어

Q5. 기분이 매우 좋거나 즐거워서 입이 크게 벌어진다는 뜻의 관용어

ㅇ이 ㄱ에 걸리다.

Q6. 큰 이익을 가져다 주는 산업이나 어떤 대상을 뜻하는 관용어

ㅎㄱㅇ을 낳는 거위

Q7. 어떤 일을 의논하거나 결정하기 위해 서로 마주 대한다는 뜻의 관용어

ㅁㄹ를 맞대다.

# 오랜 친구를 만나러 가는 길

 초나가 늠름이를 만날 수 있도록 올바른 길을 찾아 줘!

새하얀 눈과 얼음 1

00:20

1 / 17

☐ 바람이 봄바람보고 춥다 한다

자기의 허물은 생각하지 않고 도리어 남의 허물만 나무란다는 뜻이야.

1. 산
2. 겨울
3. 얼음

🔥 **힌트** 목도리와 장갑이 필요해.

🎴 보너스 소환 🎴

벼는 익을수록 고개를 숙인다

많이 배우고 깨달은 사람일수록 교만하지 않고 겸손하다는 뜻이야.

쾅

정답 ⓒ : 겨울

새하얀 눈과 얼음 2

00:50

2 / 17

언 ⬜ 에 오줌 누기

임시변통은 될지 모르나 그 효력이
오래가지 못한다는 뜻이야.

1. 무릎
2. 땅
3. 발

힌트 다리의 끝.

보너스 소환

아랫돌 빼서 윗돌 괴기

일이 몹시 급할 때
임시변통으로 이리저리 둘러맞추어
처리한다는 뜻이야.

꾸르륵

새하얀 눈과 얼음 3
00:30
💀 3 / 17

여름에 먹자고 ⬜ 뜨기

앞으로 닥칠 일에 대비하여
미리 준비한다는 뜻이야.

| 1 라면 | 2 얼음 | 3 우물 |

🔥 힌트 ○○~ 땡!

 쿵짝쿵짝

📋 보너스 소환 📋

돌다리도 두들겨 보고 건너라

잘 아는 일이라도
세심하게 주의를 기울여 실수가
없도록 해야 한다는 뜻이야.

새하얀 눈과 얼음 4
00:30
💀 4 / 17

여름에 하루 ☐
겨울에 열흘 굶는다

뒷일을 생각하여 한시라도
게을러져서는 안된다는 뜻이야.

| 1 놀면 | 2 일하면 | 3 공부하면 |

🔥 **힌트** 우리가 가장 좋아하는 거야.

📖 **보너스 소환** 📖

구르는 돌에는
이끼가 끼지 않는다

꾸준히 움직이고 부지런히 활동하는 사람은
게을러지거나 쇠하지 않는다는 뜻이야.

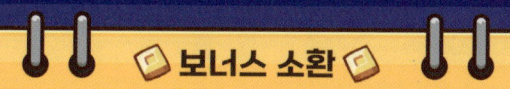

새하얀 눈과 얼음 5
01:00
💀 5 / 17

얼어 죽은 귀신이 ☐ 이 당한 거냐

어떤 대책이 격에 맞지 않고
성에 차지 않는다는 뜻이야.

| 1 홑이불 | 2 겹이불 | 3 방이불 |

 힌트 여름에 덮는 얇은 이불이야.

📖 보너스 소환 📖

죽은 뒤에 약방문

때가 지나 일이
다 틀어진 후에야 뒤늦게
대책을 세운다는 뜻이야.

새하얀 눈과 얼음 6
01:10
💀 6 / 17

겨울을 지내보아야 봄 ⬜ 줄 안다

어려운 시련과 고통을 겪어 보아야 삶의
참된 보람을 알 수 있다는 뜻이야.

 1. 반가운
 2. 그리운
 3. 고마운

 힌트 애틋하고 간절한 마음.

 콰르릉

 📖 **보너스 소환** 📖

고생 끝에 낙이 온다

어려운 일이나 고된 일을
겪은 뒤에는 반드시 즐겁고
좋은 일이 생긴다는 뜻이야.

새하얀 눈과 얼음 7

00:50

7 / 17

☐ 신고 얼음 지치기

매우 불편하고 위태로운 모습으로 일에 달라붙는 어리석음을 표현하는 뜻이야.

1. 슬리퍼
2. 운동화
3. 나막신

힌트 나무로 만든 신이야.

닐리리

보너스 소환

뱁새가 황새 따라가면 가랑이 찢어진다

자신의 능력이 안 되는데도 억지로 남을 따라 하다 가는 큰 피해를 본다는 뜻이야.

새하얀 눈과 얼음 8

00:20

8 / 17

☐ 에 얼어 죽는다

지나치게 추위를 타는 사람을
핀잔 주거나 놀리는 말이야.

1. 동짓달
2. 오뉴월
3. 오륙일

🔥 **힌트** 5월과 6월, 또는 5월이나 6월이라는 뜻이야.

📒 보너스 소환 📒

이월에 김칫독 터진다

이월 추위가 김칫독이 터질 정도로
만만치 않다는 뜻이야.

새하얀 눈과 얼음 9

00:30

9 / 17

얼음에 ☐ 밀듯

말이나 글을 거침없이 줄줄 읽거나 외운다는 뜻이야.

| 1 호박 | 2 무 | 3 박 |

🔥 **힌트** 흥부와 제비.

📒 보너스 소환 📒

풍덩풍덩

말은 앵무새

말은 그럴듯하게 하지만 실제 행동으로는 옮기지 않는 사람을 가리키는 말이야.

새하얀 눈과 얼음 10

00:50

💀 10 / 17

추우면 다가들고 더우면 ▢

옳고 그름이나 신의를 돌보지 않고
자기의 이익만 꾀한다는 뜻이야.

1 일어선다 **2** 물러선다 **3** 뒤선다

🔥 **힌트** 뒷걸음질쳐서 피한다는 뜻이야.

우지끈

📖 보너스 소환 📖

순풍에 돛을 달다

일이 뜻한 대로 순조롭게
진행된다는 뜻이야.

새하얀 눈과 얼음 11
00:20

💀 11 / 17

김칫국 채어 먹은 ▢▢ 떨듯

남들은 그다지 추워하지도 않는데
혼자 추워서 덜덜 떨고 있다는 뜻이야.

1 거지 **2** 신하 **3** 콜디

🔥 힌트 왕자와 ○○.

지지배배

🔖 보너스 소환 🔖

삼복 기간에는 입술에 묻은 밥알도 무겁다

더운 삼복에는 몸을 움직이기가 몹시 힘들어
밥알 하나의 무게조차도 힘겹다는 뜻이야.

새하얀 눈과 얼음 12

00:20

💀 12 / 17

아이와 [　　] 은 얼지 않는다

아이와 장독은 어지간한 추위에는
잘 견딘다는 뜻이야.

| 1 장독 | 2 우물 | 3 밥솥 |

🔥 **힌트** 고추장, 된장이 들어 있어.

📖 **보너스 소환** 📖

굶주림을 참으면
추위에 잘 견딘다

고생을 많이 한 사람은 굶주림과 추위를
잘 참고 견딘다는 뜻이야.

늪윤 ① : 음윤 ②

91

새하얀 눈과 얼음 13

01:00

💀 13 / 17

눈 먹던 ▢ 얼음 먹던 ▢ 가 제각각

사람은 자기가 겪어 온 환경에 따라서
그 능력이 다르고 생각도 다르다는 뜻이야.

| 1 돼지 | 2 햄스터 | 3 토끼 |

🔥 힌트 아토.

보너스 소환

도둑의 씨가 따로 없다

사람이란 주위의 환경과
조건에 따라 누구나 도둑이
될 수 있다는 뜻이야.

새하얀 눈과 얼음 14

00:30

💀 14 / 17

보리누름에
설 ☐ 얼어 죽는다

더워야 할 계절에 도리어 춥게
느껴지는 때를 뜻하는 말이야.

| 1 어린이 | 2 늙은이 | 3 헤일리 |

🔥 **힌트** 나이가 아주 많은 사람.

🎁 보너스 소환 🎁

봄추위가 장독 깬다

봄철에도 예상치 못한
혹독한 추위가 찾아와 장독이
깨질 정도로 춥다는 뜻이야.

새하얀 눈과 얼음 15
00:20

💀 15 / 17

▢ 신고
얼음판에 선 것 같다

몹시 위태로워서 불안하고
조심스러움을 나타내는 말이야.

| 1 하이힐 | 2 뒤웅박 | 3 소쿠리 |

🔥 **힌트** 박으로 만든 바가지야.

📖 보너스 소환 📖

우물가에 애 보낸 것 같다

몹시 걱정이 되어 마음이 놓이지 않는
상태를 뜻하는 말이야.

새하얀 눈과 얼음 16

01:20

16 / 17

얼음에 ☐

매우 사랑스럽고 소중한 것을
비유적으로 이르는 말이야.

1. 숭어
2. 붕어
3. 잉어

🔥 **힌트** 입 주변에 수염이 있어.

📖 보너스 소환 📖

새벽바람 사초롱

조심스럽게 들고 있는
비단 초롱이라는 뜻으로,
매우 소중한 물건이라는 뜻이야.

으흐흑

새하얀 눈과 얼음 17
00:20
17 / 17

부지런한 ☐ 는 얼 새도 없다

무슨 일이든 쉬지 않고 부지런히 해야 탈이 없고 순조롭게 이루어진다는 뜻이야.

| 1 물방아 | 2 믹서기 | 3 풍차 |

 힌트 물의 힘으로 곡식을 빻는 기구야.

 종알종알

📖 보너스 소환 📖

흐르는 물은 썩지 않는다

사람은 언제나 일하고 공부해야 시대에 뒤떨어지지 않고 변질되지 않는다는 뜻이야.

정답 : ① 물방아

시험 공부를 할 때 나는 어떻게 할까?

START

집에 오자마자 책을 펴고 공부를 시작한다.

🗡️ Yes ➡
🗡️ No ➡

- (Yes) 계획을 세워 차근차근 하는 편이다.
  - (Yes) **A**
  - (No) **B**
- (No) 공부는 친구랑 같이 해야 힘이 난다.
  - (Yes) **C**
  - (No) 새로운 방법으로 하면 더 잘 된다.
    - (No) **D**
    - (Yes) 보상이 있으면 공부가 잘 되는 것 같다.
      - (Yes) **E**
      - (No) **F**

어릴 때 생각나네.

결과는 다음 페이지에!

결과 공개

A 루틴 장인
계획대로 착착!
타이머형 집중가 타입.

"공부는 시간과의 싸움이야."

B 스프린터
한 번에 확! 폭발력 있게
몰아치는 타입.

"빨리 해치우고 쉬자고!"

C 팀플 에너자이저
그룹에서 리더십을 뿜뿜!
함께하면 더 강해지는 타입.

"나만 믿으라고!"

D 실험가
자기만의 새로운 방식을
연구하고 찾아내는 타입.

"평범함은 거부한다!"

E 퀘스트 헌터
약간의 보상이 있다면
누구보다 잘하는 타입.

"보상은 최고의 동기 부여지."

F 마라토너
조용히, 느리더라도,
한 뼘 한 뼘 성장하는 타입.

"중요한 건 꾸준함이야."

5장 번쩍이는 돈과 재물

번쩍이는 돈과 재물 1
00:50
1 / 18

☐ 모아 태산

아무리 작은 것이라도 모이고 모이면
나중에 큰 덩어리가 된다는 뜻이야.

| 1 티끌 | 2 모래 | 3 조각 |

🔥 **힌트** 티와 먼지를 가리키는 말이야.

끼깅

📖 보너스 소환 📖

백지장도 맞들면 낫다

하찮고 쉬워 보이는 일이라도
서로 힘을 합치면 훨씬 더
쉽게 해낼 수 있다는 뜻이야.

정답 ① : 티끌

번쩍이는 돈과 재물 2
01:00

💀 2 / 18

사람 나고 ☐☐ 났지
☐☐ 나고 사람 났나

아무리 돈이 귀중하다 하여도 사람보다 더 귀중할 수는 없다는 뜻이야.

1	2	3
쌀	돈	밥

🔥 **힌트** 모노폴리맨이 좋아해.

📒 보너스 소환 📒

사람마다 저 잘난 맛에 산다

남이 어떻게 보든 사람은
다 자기가 잘났다는 긍지와
자존심이 있다는 뜻이야.

번쩍이는 돈과 재물 3

00:30

3 / 18

☐ 도
돈 쓰기에 달렸다

돈만 있으면 못하는 일이 없이
다 할 수 있다는 뜻이야.

1. 우왕좌왕
2. 세종대왕
3. 염라대왕

🔥 **힌트** 저승을 다스리는 왕이야.

📖 보너스 소환 📖

돈이면 지옥문도 연다

돈이 있으면 불가능한 일도
가능해지고, 웬만한 어려움도
해결된다는 뜻이야.

번쩍이는 돈과 재물 4
00:20
💀 4 / 18

☐ 준 돈
서서도 못 받는다

돈을 빌려주기는 쉬우나
돌려받기는 어렵다는 뜻이야.

| 1 누워 | 2 앉아 | 3 엎드려 |

🔥 **힌트** 오래 이러고 있으면 엉덩이가 아파.

터덜터덜

📜 보너스 소환 📜

말은 청산유수다

말재주가 뛰어난 사람을
칭찬할 때 쓰이는 말로, 말을 그칠 줄
모르고 잘한다는 뜻이야.

번쩍이는 돈과 재물 5
00:20
5 / 18

☐ 꼬치를 먹듯

알뜰히 모아 둔 재산을
조금씩 조금씩 써서 없앤다는 뜻이야.

| 1 사탕 | 2 은행 | 3 곶감 |

 힌트 말린 감이야.

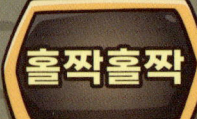

🎴 보너스 소환 🎴

강물도 쓰면 준다

굉장히 많은 강물도 쓰면 줄어든다는
뜻으로, 풍부하다고 하여 함부로
헤프게 쓰지 말라는 뜻이야.

번쩍이는 돈과 재물 6

00:30

6 / 18

개같이 벌어서 ☐ 같이 산다

돈을 벌 때는 힘들고 고생스럽게 벌더라도
쓸 때는 당당하고 보람 있게 쓴다는 말이야.

1. 양반
2. 정승
3. 사장

힌트: 조선시대 최고의 관직이야.

오도독

🗒️ 보너스 소환 🗒️

돈 나는 모퉁이 죽는 모퉁이

세상에서 돈 벌기가 가장
어려운 일이라는 뜻이야.

번쩍이는 돈과 재물 7

00:50

7 / 18

남의 것을 □ 베어 먹듯 한다

남의 재물을 거리낌 없이 마구 훔치거나 빼앗아 간다는 뜻이야.

1	2	3
마	밤	콩

🔥 **힌트** 서동요가 생각이 나.

🎴 보너스 소환 🎴

남의 돈 천 냥이 내 돈 한 푼만 못하다

아무리 보잘것없는 것이라도 자기가 직접 가진 것이 더 나음을 뜻하는 말이야.

뿅뿅

번쩍이는 돈과 재물 8

00:20

8 / 18

☐ 을 잃고 쌀알을 줍는다

큰 이익을 버리고 보잘것없는
작은 이익을 구한다는 뜻이야.

1. 곡식
2. 마음
3. 재산

🔥 **힌트** 모노폴리맨이 많이 가지고 있는 것.

보너스 소환

구더기 무서워 장 못 담글까

다소 방해되는 것이 있더라도
마땅히 해야 할 일은
해야 한다는 뜻이야.

번쩍이는 돈과 재물 9

00:30

9 / 18

버는 ☐ 말고
쓰는 ☐ 하랬다

돈을 버는 것보다 그 돈을 어떻게 쓰고 관리 하느냐가 더 중요하다는 뜻이야.

| 1 자랑 | 2 이야기 | 3 호강 |

 힌트 드러내어 뽐낸다는 뜻이야.

쌔근쌔근

🟫 보너스 소환 🟫

밑 빠진 독에 물 붓기

아무리 애를 써도 보람 없이
헛된 일이 되는 상태를 뜻하는 말이야.

정답: ① 자랑

번쩍이는 돈과 재물 10

01:00

💀 10 / 18

제 ☐ 에 모가 큰 것은 모른다

남의 물건이 항상 제 것보다 크게 보인다는 뜻이야.

| 1 집 | 2 밭 | 3 논 |

🔥 **힌트** 벼를 심어 가꾸는 땅이야.

📖 보너스 소환 📖

남의 떡이 커 보인다.

남이 가진 것은 자기 것보다 더 좋아보인다는 뜻이야.

번쩍이는 돈과 재물 11
00:30

11 / 18

☐ 는 망해도 삼 년 먹을 것이 있다

본래 부자이던 사람은 망했다 하더라도
얼마 동안은 그럭저럭 산다는 뜻이야.

| 1 거지 | 2 부자 | 3 선수 |

🔥 **힌트** 모노폴리맨처럼 재산이 많은 사람.

📖 보너스 소환 📖

하늘이 무너져도 솟아날 구멍이 있다

아무리 큰 재앙이 닥쳐도 살아날 길,
피할 길은 반드시 있다는 뜻이야.

번쩍이는 돈과 재물 12

00:50

12 / 18

___ 줄은 몰라도 나는 줄은 안다

사람이나 재물이 불어나는 것은 눈에 잘 띄지 않아도 줄어드는 것은 알아차릴 수 있다는 뜻이야.

1. 드는
2. 끓는
3. 부르는

힌트 어떤 것이 안으로 온다는 뜻이야.

보너스 소환

까마귀 멋 뜯어 먹듯

남몰래 야금야금 가져가는 것을 비유적으로 이르는 말이야.

정답 ① : 드는

번쩍이는 돈과 재물 13

00:20

13 / 18

부잣집 ⬚ 는 작다

부자일수록 오히려
인색하게 군다는 뜻이야.

1 냄비　　**2** 접시　　**3** 떡개

🔥 **힌트** 떡의 낱개를 가리키는 말이야.

📖 보너스 소환 📖

**아홉 가진 놈이
하나 가진 놈 부러워한다**

욕심이 많음을 뜻하는 말이야. 가지면 가질수록
더 욕심이 생기는 것을 가리키는 말이기도 해.

번쩍이는 돈과 재물 14
00:30

14 / 18

싼 것이 ☐ 떡

값이 싼 물건이나 서비스는 그만큼 질이 나쁘다는 뜻이야.

| 1 비지 | 2 가래 | 3 시루 |

 힌트 두부를 만들다 남은 찌꺼기야. 되게 고소해.

📒 보너스 소환 📒

공짜라면 양잿물도 마신다

공짜라면 뭐든지 가리지 않고
닥치는 대로 거두어들이는
어리석은 행동을 비꼬는 말이야.

정답 ① 비지

번쩍이는 돈과 재물 15
00:20

💀 15 / 18

천 냥 빚도 ⬜ 로 갚는다

말만 잘하면 어려운 일도
해결할 수 있다는 뜻이야.

| 1 윙크 | 2 말 | 3 예의 |

🔥 **힌트** 재잘재잘 조잘조잘

휙휙

📖 보너스 소환 📖

**가는 말이 고와야
오는 말이 곱다**

자기가 남에게 말이나 행동을 좋게 하여야
남도 자기에게 좋게 한다는 뜻이야.

번쩍이는 돈과 재물 16

01:20

16 / 18

⬜ 이야 옥이야

무엇을 다루는 데 매우 애지중지하여
귀중히 여긴다는 뜻이야.

1	2	3
금	은	운

🔥 **힌트** 노란색의 광택이 있는 보석이야.

📖 보너스 소환 📖

쥐면 꺼질까 불면 날아갈까

어린 자녀를
애지중지하여 기르는 부모의
사랑을 나타내는 말이야.

문 ① : 윤금

번쩍이는 돈과 재물 17

00:20

17 / 18

☐ 도 절도 없다

가진 집이나 재산도 없이
여기저기 떠돌아다닌다는 뜻이야.

1. 마당
2. 집
3. 회사

 힌트 살기 위해 지은 건물이야.

📜 보너스 소환 📜

집 떠나면 고생이다

이러니저러니 해도 자기 집이
제일 좋다는 뜻이야.

번쩍이는 돈과 재물 18

01:10

18 / 18

돈만 있으면 ☐ 도 사귄다

돈만 있으면 세상에 못 할 일이
없다는 뜻이야.

1. 귀신
2. 로봇
3. 원수

힌트 사람이 죽은 뒤에 남는다는 넋이야.

푸다닥

📖 보너스 소환 📖

배만 부르면 제 세상인줄 안다

돈만 있으면 제 세상인줄 알고 제멋대로
행동한다는 뜻이야. 배만 부르면
근심 걱정도 모른다는 뜻도 있어.

정답 ① : 귀신

낱말 퍼즐, 놓치면 손해!

 오른쪽 페이지에 있는 열쇠를 보고 낱말 퍼즐을 풀어 봐!

🡪 가로 열쇠

1. 행운을 영어로.

2.

3. 젖은 머리를 말리는 도구.

4.

5.

6.

🡫 세로 열쇠

1.

2. 충분한 만족과 기쁨을 느끼는 상태.

3. 판다가 좋아하는 것.

4. 럭큐브 제6면.

5. 어찌 감히 그런 마음을 품을 수 있겠냐는 뜻의 사자성어.
힌트) ㅇㄱㅅㅅ

6. 영혼과 소통할 때 쓰는 신비한 기술.

지금 끌리는 색깔로 보는 나의 심리 상태

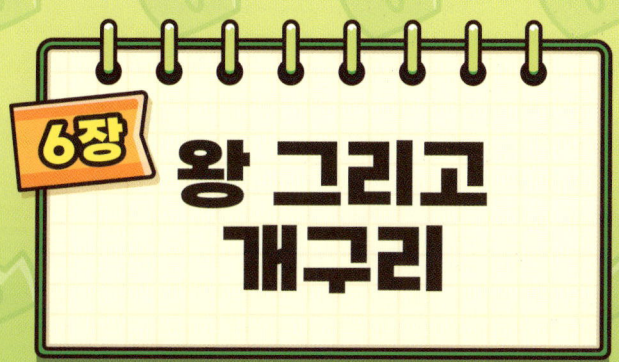

6장 왕 그리고 개구리

왕 그리고 개구리 1
00:20
1 / 18

호랑이 없는 골에
토끼가 〔　　〕 노릇 한다

뛰어난 사람이 없는 곳에서 보잘것없는
사람이 대장이 된다는 뜻이야.

| **1** 왕 | **2** 개구리 | **3** 선생님 |

 힌트 킹(King)! 다이안!

 또각또각

🂠 보너스 소환 🂠

용의 꼬리보다 뱀의 머리가 낫다

큰 무리에서 하찮은 존재가
되는 것보다, 작은 집단에서 우두머리가
되는 것이 더 낫다는 뜻이야.

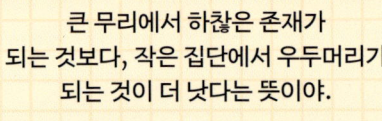

왕 그리고 개구리 2
01:10
2 / 18

▢ 에 두 해가 없다

한 나라에 임금이
둘이 있을 수 없다는 뜻이야.

1	2	3
땅	하늘	우주

🔥 힌트 비행기가 나는 곳.

📋 보너스 소환 📋

한 밥그릇에 두 술이 없다

한 남편에게는 한 아내만
있어야 한다는 말이야.

왕 그리고 개구리 3
00:30
3 / 18

염라대왕이 제 ⬜ 라도

죽게 될 처지에서 벗어날 수 없다는 뜻으로, 큰 죄를 짓거나 병에 걸려 온전할 도리가 없다는 뜻이야.

1. 큰아버지
2. 할아버지
3. 시아버지

🔥 **힌트** 부모의 아버지.

펄럭펄럭

📜 보너스 소환 📜

죄는 지은 데로 가고 덕은 닦은 데로 간다

나쁜 일을 하면 그 대가를 받고, 좋은 일을 하면 그 보답을 받는다는 뜻이야.

왕 그리고 개구리 4

01:20

4 / 18

☐ 이 세면
소가 왕 노릇 할까

힘만 가지고는 결코 큰일을 못하며 반드시 훌륭한 품성과 지략을 갖추어야 된다는 뜻이야.

| 1 주먹 | 2 기운 | 3 말발 |

힌트 생물이 살아 움직이는 힘.

🎴 보너스 소환 🎴

술에 물 탄 것 같다

성격이나 품성 같은 것이 뜨뜻미지근하여 똑똑지 않다는 뜻이야.

왕 그리고 개구리 5

00:20

💀 5 / 18

개구리 ⬚ 적 생각 못 한다

지난날의 어려움을 생각지 아니하고
처음부터 잘난 듯이 뽐낸다는 뜻이야.

1 알 **2** 어린이 **3** 올챙이

🔥 **힌트** 자라면서 꼬리가 없어져.

📖 보너스 소환 📖

하룻강아지 범
무서운 줄 모른다

아직 경험이 없거나 세상을 잘 모르는 사람이
두려운 줄 모르고 함부로 덤빈다는 뜻이야.

쿵쿵

왕 그리고 개구리 6
00:20

6 / 18

☐ 철 물웅덩이의 올챙이 신세

머지않아 죽거나 파멸할 운명에 놓인
가련한 신세라는 뜻이야.

| 1 휴가 | 2 장마 | 3 가뭄 |

🔥 **힌트** 비가 내리지 않아 메마른 날씨야.

📖 보너스 소환 📖

사나운 팔자는 불에도 타지 않는다

타고난 운명이 좋지 않은 것은 피하고 싶어도
피할 길이 없다는 뜻이야.

정답 : 가뭄 ③

왕 그리고 개구리 7

00:50

7 / 18

어정뜨기는 ⬜ 개구리

팔월의 개구리처럼 태도가 엉성하고 덤벙거린다는 뜻으로, 마땅히 할 일을 하지 않는다는 뜻이야.

1 칠팔월   **2** 대보름   **3** 칠석

🔥 **힌트** 칠월과 팔월!

후드득

🎴 보너스 소환 🎴

빈 수레가 요란하다

실속 없는 사람이 겉으로 더 떠들어댄다는 뜻이야.

왕 그리고 개구리 8

00:20

8 / 18

윗⬜️이 맑아야
아랫⬜️이 맑다

윗사람이 잘하면 아랫사람도 따라서
잘하게 된다는 뜻이야.

| 1 길 | 2 산 | 3 물 |

🔥 **힌트** 콜디가 강해지려면 ○의정령이 필요해.

🎴 보너스 소환 🎴

부모가 착해야 효자 난다

부모가 착하여야 자식도 부모를 따라
착한 사람이 된다는 뜻이야.

툉탕

왕 그리고 개구리 9

00:30

9 / 18

개구리 ☐ 도 들을 탓

같은 현상도 어떤 기분 상태에서 대하느냐에 따라
좋게도 보이고 나쁘게도 보인다는 뜻이야.

1. 행동
2. 소리
3. 무게

힌트 개굴개굴!

히히

📖 보너스 소환 📖

귀신 씻나락 까먹는 소리

분명하지 않게 우물우물 말하는
소리를 뜻해. 이치에 안 맞는 엉뚱하고
쓸데없는 말을 뜻하기도 해.

왕 그리고 개구리 10
00:50
10 / 18

나라가 편해야
□ 가 편하다

국가가 안정되어야 국민들도
편히 살 수 있다는 뜻이야.

1 신하   **2** 아기   **3** 냥법사

🔥 **힌트** 왕을 섬기는 사람이야.

🎴 보너스 소환 🎴

콩 심은 데 콩 나고
팥 심은 데 팥 난다

모든 일은 원인에 따라 그에 걸맞은 결과가
나타난다는 뜻이야.

정답 ① : 신하

왕 그리고 개구리 11

00:20

11 / 18

무심코 던진 ▢에 개구리는 맞아 죽는다.

작은 실수나 무심코 한 행동이 상대방에게는 치명적인 피해가 될 수 있다는 뜻이야.

| 1 돌 | 2 주먹 | 3 화살 |

🔥 **힌트** 어리석을 사람을 낮잡아서 ○머리라고 해.

📖 보너스 소환 📖

말이 씨가 된다

무심코 한 말이 실제로 현실이 될 수 있으니, 말과 행동을 신중히 해야 한다는 뜻이야.

룸 ① : 돌멩이

왕 그리고 개구리 12
00:30
💀 12 / 18

____ 안 개구리

넓은 세상의 형편을 알지 못하거나, 견식이 좁아 자기가 잘난 줄 아는 사람을 가리키는 말이야.

1. 우물
2. 도랑
3. 호수

 힌트 땅을 파서 지하수가 모인 곳이야.

📖 보너스 소환 📖

바늘구멍으로 하늘 보기

전체를 폭넓게 보지 못하는 좁은 소견이나 관찰을 비꼬는 말이야.

왕 그리고 개구리 13
01:00
13 / 18

나라의 ▯▯▯ 독이 차야 나라가 잘산다

나라가 잘되려면 무엇보다도
식량 사정이 좋아야 한다는 뜻이야.

| 1 장 | 2 쌀 | 3 돈 |

🔥 **힌트** 벼에서 껍질을 벗겨낸 알맹이.

📔 **보너스 소환** 📔

산 입에 거미줄 치랴

아무리 살림이 어려워 식량이 떨어져도
사람은 그럭저럭 죽지 않고 살아간다는 뜻이야.

왕 그리고 개구리 14
00:30
14 / 18

조선 사람은 ▢ 먹고 산다

우리나라 사람은 너무 체면을 차린다는 뜻으로,
남들에게 보이기 위한 지나친 겉치레를 꼬집는 말이야.

| 1 책 | 2 죽 | 3 낯 |

🔥 **힌트** 얼굴을 가리키는 말이야.

📦 보너스 소환 📦

돌돌

벼룩도 낯짝이 있다

작은 벼룩도 낯짝이 있는데, 하물며 사람이
체면이 없으면 되겠느냐는 뜻이야.

 왕 그리고 개구리 15

00:50

15 / 18

개구리 ☐ 에 물 붓기

상대방의 어떤 자극이나 말에도 전혀
반응하지 않거나 태연하다는 뜻이야.

1 안면   **2** 용안   **3** 낯짝

힌트 낯을 속되게 이르는 말이야.

보너스 소환

쇠귀에 경 읽기

아무리 말해 주어도 전혀 알아듣지 못하거나,
효과가 없는 경우를 뜻하는 말이야.

왕 그리고 개구리 16
00:20

💀 16 / 18

나라가 어지러우면 ☐ 이 난다.

어려울 때일수록 훌륭한 사람이 나게 마련이라는 뜻이야.

1 용병단　**2** 간신　**3** 충신

🔥 **힌트** 나라를 위해 충성을 다하는 신하.

콩콩

📜 보너스 소환 📜

감기 고뿔도 남을 안 준다

감기조차 남에게 주지 않을 만큼
지독하게 인색하다는 뜻이야.

왕 그리고 개구리 17
00:30
17 / 18

올챙이 ⬚ 된 지
몇 해나 되나

어떤 일에 익숙해지거나 형편이 나아진
사람이 지나치게 뽐내는 것을 비꼬는 말이야.

1 개구리   **2** 맹꽁이   **3** 두꺼비

🔥 힌트 ○○○ 왕자 = 킹 다이안

🟨 보너스 소환 🟨

남의 호박에 말뚝 박기

남의 일이 잘되어 가는 것을 시기하여
일부러 방해한다는 뜻이야.

왕 그리고 개구리 18

01:00

18 / 18

개구리도 옴쳐야

아무리 급하더라도 일을 이루려면
준비할 시간이 있어야 한다는 뜻이야.

- **1** 운다
- **2** 뛴다
- **3** 쏜다

🔥 힌트 헐레벌떡, 허둥지둥

뚝

📇 보너스 소환 📇

우물에 가 숭늉 찾는다

모든 일에는 질서와 차례가 있는 법인데
일의 순서도 모르고 성급하게 덤빈다는 뜻이야.

찾아보기

ㄱ
가는 말이 고와야 오는 말이 곱다 114
가는 세월 오는 백발 28
가랑비에 옷 젖는 줄 모른다 71
가랑잎이 솔잎더러 바스락 거린다고 한다 73
가뭄에 단비 70
가뭄철 물웅덩이의 올챙이 신세 127
가지 나무에 목을 맨다 67
가지 많은 나무에 바람 잘 날이 없다 61
감기 고뿔도 남을 안 준다 137
강물도 쓰면 준다 104
강태공이 세월 낚듯 한다 27
개 고양이 보듯 38
개 그림 떡 바라듯 68
개 눈에는 똥만 보인다 43
개 발에 편자 44
개 새끼는 짖고 고양이 새끼는 할퀸다 49
개같이 벌어서 정승같이 산다 105
개구리 낯짝에 물 붓기 136
개구리 소리도 들을 탓 130
개구리 올챙이 적 생각 못 한다 126
개구리도 옴쳐야 뛴다 139
개 꼬리 삼 년 묵어도 황모 되지 않는다 49
검은 고양이 눈 감은 듯 39
겉 다르고 속 다르다 42
게으른 선비 책장 넘기듯 26
겨울바람이 봄바람보고 춥다 한다 80
겨울을 지내보아야 봄 그리운 줄 안다 85
겨울이 지나지 않고 봄이 오랴 28
계란으로 바위 치기 64
고기도 먹어 본 사람이 더 잘 먹는다 52
고목에 꽃이 피랴 68
고사리도 꺾을 때 꺾는다 23
고생 끝에 낙이 온다 85
고양이 기름 종지 노리듯 51
고양이 달걀 굴리듯 52
고양이 덕은 알고 며느리 덕은 알지 못한다 47
고양이 목에 방울 달기 40
고양이 앞에 고기반찬 43
고양이 우산 쓴 격 44
고양이 쥐 생각 45
고양이가 알 낳을 노릇이다 50
고양이에게 반찬 달란다 46
고양이한테 생선을 맡기다 41
공든 탑이 무너지랴 66
공짜라면 양잿물도 마신다 113
곶감 꼬치를 빼듯 104
구더기 무서워 장 못 담글까 107
구르는 돌에는 이끼가 끼지 않는다 83
굶주림을 참으면 추위에 잘 견딘다 91
귀신 씻나락 까먹는 소리 130
그슬린 돼지가 달아맨 돼지 타령한다 29
　금이야 옥이야 115
　기운이 세면 소가 왕 노릇 할까 125

김칫국 채어 먹은 거지 떨듯 90
까마귀 뭣 뜯어 먹듯 111
꽃 피자 님 온다 70
꽃은 목화가 제일이다 69
꿩 잡는 것이 매다 22
끈 떨어진 뒤웅박 72

ㄴ
나라가 어지러우면 충신이 난다 137
나라가 편해야 신하가 편하다 131
나라의 쌀독이 차야 나라가 잘산다 134
나막신 신고 얼음 지치기 86
나무도 옮겨 심으면 삼 년은 감기를 앓는다 74
나무를 보고 숲을 보지 못한다 63
남의 것을 마 베어 먹듯 한다 106
남의 돈 천 냥이 내 돈 한 푼만 못하다 106
남의 떡이 커 보인다. 109
남의 호박에 말뚝 박기 138
눈 가리고 아웅 54
눈 먹던 토끼 얼음 먹던 토끼가 제각각 92
늙은 소 흥정하듯 24
늦게 배운 도둑이 날 새는 줄 모른다 19

ㄷ
다 된 죽에 코 빠졌다 32
달도 차면 기운다 16
달면 삼키고 쓰면 뱉는다 60
던져 마름쇠 59
도깨비 대동강 건너듯 27
도깨비도 수풀이 있어야 모인다 72
도둑고양이가 살찌랴 53
도둑의 씨가 따로 없다 92
돈 나는 모퉁이 죽는 모퉁이 105
돈만 있으면 귀신도 사귄다 117
돈이면 지옥문도 연다 102
돌다리도 두들겨 보고 건너라 82
될성부른 나무는 떡잎부터 알아본다 58
뒤웅박 신고 얼음판에 선 것 같다 94
드는 줄은 몰라도 나는 줄은 안다 111
등잔 밑이 어둡다 39
똥 묻은 개가 겨 묻은 개 나무란다 73

ㅁ
말은 앵무새 88
말은 청산유수다 103
말이 씨가 된다 132
모기 보고 칼 빼기 62
목마른 놈이 우물 판다 46
몽치 깎자 도둑이 뛴다 22
무심코 던진 돌에 개구리는 맞아 죽는다. 132
물에 빠진 놈 건져 놓으니 보따리 내놓으라 한다 47
믿는 도끼에 발등 찍힌다 41
밑 빠진 독에 물 붓기 108

ㅂ
바늘구멍으로 하늘 보기 133
바다는 메워도 사람의 욕심은 못 채운다 75
바지랑대로 하늘 재기 40
배만 부르면 제 세상인줄 안다 117
백지장도 맞들면 낫다 100
뱁새가 황새 따라가면 가랑이 찢어진다 86

버는 자랑 말고 쓰는 자랑 하랬다 108
번갯불에 콩 볶아 먹겠다 24
벼는 익을수록 고개를 숙인다 80
벼룩도 낯짝이 있다 135
보리누름에 설늙은이 얼어 죽는다 93
봄추위가 장독 깬다 93
부모가 착해야 효자 난다 129
부자는 망해도 삼 년 먹을 것이 있다 110
부잣집 떡개는 작다 112
부지런한 물방아는 얼 새도 없다 96
부지런한 이는 앓을 틈도 없다 26
비온 뒤에 땅이 굳어진다 17
빈 수레가 요란하다 128
뿌리 없는 나무가 없다 65
뿌린 대로 거둔다 20

ⓐ
사나운 팔자는 불에도 타지 않는다 127
사람 나고 돈 났지 돈 나고 사람 났나 101
사람마다 저 잘난 맛에 산다 101
산 입에 거미줄 치랴 134
삼복 기간에는 입술에 묻은 밥알도 무겁다 90
새 발의 피 48
새벽바람 사초롱 95
서당개 삼 년이면 풍월을 읊는다 20
서울 가서 김 서방 찾기 33
세 살 적 버릇이 여든까지 간다 19
세월은 사람을 기다려주지 않는다 30
세월이 약이다 17
소금이 쉴 때까지 해보자 32
소문난 잔치에 먹을 것 없다 69
솔방울이 울거든 64
쇠귀에 경 읽기 136
쇠뿔도 단김에 빼라 18
순풍에 돛을 달다 89
술에 물 탄 것 같다 125
신선놀음에 도낏자루 썩는 줄 모른다 21
십 년이면 강산도 변한다. 16
싼 것이 비지떡 113

ⓞ
아 해 다르고 어 해 다르다 45
아니 땐 굴뚝에 연기 날까 65
아랫돌 빼서 윗돌 괴기 81
아이와 장독은 얼지 않는다 91
아홉 가진 놈이 하나 가진 놈 부러워한다 112
앉아 준 돈 서서도 못 받는다 103
앉은 자리에 풀도 안 나겠다 60
앞 길이 구만 리 같다 25
얌전한 고양이가 부뚜막에 먼저 올라간다 42
어정뜨기는 칠팔월 개구리 128
언 발에 오줌 누기 81
없는 놈이 찬밥 더운밥을 가리랴 67
얼어 죽은 귀신이 홀이불이 당한 거냐 84
얼음에 박 밀듯 88
얼음에 잉어 95
여름에 먹자고 얼음 뜨기 82
여름에 하루 놀면 겨울에 열흘 굶는다 83
열 번 찍어 아니 넘어가는 나무 없다 71

열 손가락 깨물어 안 아픈 손가락 없다 61
열흘날 잔치에 열하룻날 병풍 친다 31
염라대왕도 돈 쓰기에 달렸다 102
염라대왕이 제 할아버지라도 124
오뉴월에 얼어 죽는다 87
오르지 못할 나무는 쳐다보지도 마라 75
오줌에 뒷나무 62
올챙이 개구리 된 지 몇 해나 되나 138
용의 꼬리보다 뱀의 머리가 낫다 122
우물 안 개구리 133
우물가에 애 보낸 것 같다 94
우물에 가 숭늉 찾는다 139
움도 싹도 없다 58
원숭이도 나무에서 떨어진다 59
윗물이 맑아야 아랫물이 맑다 129
이월에 김칫독 터진다 87
일찍 일어나는 새가 벌레를 잡는다 18
입 가리고 고양이 흉내 54

ⓩ
자기 늙는 것은 몰라도 남 자라는 것은 안다 29
장님 코끼리 만지기 63
재산을 잃고 쌀알을 줍는다 107
정성이 지극하면 동지섣달에도 꽃이 핀다 66
제 논에 모가 큰 것은 모른다 109
조선 사람은 낮 먹고 산다 135
죄는 지은 데로 가고 덕은 닦은 데로 간다 124
죽은 뒤에 약방문 84
쥐 죽은 날 고양이 눈물 48
쥐면 꺼질까 불면 날아갈까 115
지키는 냄비가 더디 끓는다 21
집 떠나면 고생이다 116
집도 절도 없다 116

ⓒ
참새가 방앗간을 그저 지나랴 51
처가 재물 양가 재물은 쓸데없다 53
천 냥 빚도 말로 갚는다 114
천 리 길도 한 걸음부터 25
철이 가면 일이 절로 끝난다 23
첫술에 배부르랴 74
추우면 다가들고 더우면 물러선다 89

ⓒ
콩 심은 데 콩 나고 팥 심은 데 팥 난다 131
콩 한 쪽도 나눠 먹는다 38

ⓔ
티끌 모아 태산 100

ⓗ
하늘에 두 해가 없다 123
하늘의 별따기 50
하늘이 무너져도 솟아날 구멍이 있다 110
하루가 열흘 맞잡이 30
하룻강아지 범 무서운 줄 모른다 126
한 밥그릇에 두 술이 없다 123
한강에 그물 놓기 33
호랑이 없는 골에 토끼가 왕 노릇 한다 122
호미로 막을 것을 가래로 막는다 31
흐르는 물은 썩지 않는다 96

141

정답

34p

55p

56p

1. 모노폴리맨
<해설> 모노폴리맨이 거짓말을 하는 경우에만 나머지 둘의 말이 진실이 돼요.

2. 우치
<해설> 우치가 거짓말을 하는 경우에만 나머지 둘의 말이 진실이 돼요.

76p

사자성어
Q1. 우왕좌왕   Q2. 동문서답
Q3. 대기만성   Q4. 수어지교

관용어
Q5. 입이 귀에 걸리다.
Q6. 황금알을 낳는 거위
Q7. 머리를 맞대다.

78p

118p

120p